BEI GRIN MACHT SICH IHR WISSEN BEZAHLT

Themen der Soziologie und der Nachhaltigkeit. Konvivialismus, Postwachstumstheorien, Cradle to Cradle, Prosperity without Growth, Resilienz und Biophilosophie

Cassandra Götz

Bibliografische Information der Deutschen Nationalbibliothek:

Die Deutsche Nationalbibliothek verzeichnet diese Publikation in der Deutschen Nationalbibliografie; detaillierte bibliografische Daten sind im Internet über http://dnb.d-nb.de abrufbar.

ISBN: 9783346348739
Dieses Buch ist auch als E-Book erhältlich.

© GRIN Publishing GmbH
Nymphenburger Straße 86
80636 München

Druck und Bindung: Books on Demand GmbH, Norderstedt Germany
Gedruckt auf säurefreiem Papier aus verantwortungsvollen Quellen

Das vorliegende Werk wurde sorgfältig erarbeitet. Dennoch übernehmen Autoren und Verlag für die Richtigkeit von Angaben, Hinweisen, Links und Ratschlägen sowie eventuelle Druckfehler keine Haftung.

Das Buch bei GRIN: https://www.grin.com/document/989091

Inhaltsverzeichnis

Das Konvivialistische Manifest - Für eine neue Kunst des Zusammenlebens

Hört man den Begriff „das konvivialistische Manifest", so weiß man zunächst nicht genau was damit gemeint sein könnte. Frank Adloff und Claus Leggewie, die das von etwa 40 Wissenschaftler und Intellektuellen verfasste Werk übersetzt haben, haben sich mit diesem Thema intensiv auseinandergesetzt und über neue Konzepte des Zusammenlebens der Menschen nachgedacht. Dabei wird auf ökonomische, ökologische und soziale Faktoren eingegangen. Zunächst wird die aktuelle weltweite Krisensituation angesprochen. Das Manifest beschreibt - so die beiden Autoren, - dass die heutige Gesellschaft an ihre Grenzen gestoßen ist und sich deshalb einige Aspekte des Zusammenlebens ändern müssen. Welche Probleme in der Wachstumsgesellschaft auftreten, und wie es so weit kommen konnte, wird im Folgenden erläutert und die Meinung der Autoren kritisch betrachtet.

Die heutige postindustrielle Gesellschaft verfügt über die bisher größten materiellen Ressourcen, sowie über technische und wissenschaftliche Kenntnisse, die es noch nie zuvor gegeben hat. Man möchte immer mehr erreichen, sei es im Beruf bzw. der Arbeitswelt oder im privaten Umfeld. Die Vielzahl von Möglichkeiten, die einem Tag für Tag zur Verfügung stehen, lassen den Menschen rastlos werden.

Eines der größten Probleme der Menschen, so sagt man, sei die Gewalt unter den Menschen. Diese kann sowohl psychischer als auch physischer Natur sein (vgl. Adloff/Leggewie 2014, S.45). Von Jugend an wird den Menschen beigebracht, dass es wichtig ist für seine Träume zu kämpfen und niemals aufzugeben, egal wie schwer der Weg auch sein mag. In der Schule lernt man Dingen zu Ende zu machen, auch wenn einem das Thema nicht so liegt oder man sich in dem ein oder anderen Fach schwer tut. Auch lernt man hier zum ersten Mal, wie man mit Niederlagen, bezüglich der eigenen Leistung, umzugehen hat. Zusätzlich wird man schon in jungen Jahren mit dem Thema „Neid" konfrontiert. Jeder kennt sicherlich die Situation, man lernt wochenlang für eine Klausur oder Schulaufgabe und ein anderer nur ein paar Stunden, dieser erzielt jedoch das bessere Ergebnis. Die Autoren definieren den Ansatz einer möglichen Lösung als „die Beziehung und die Zusammenarbeit würdigt und es ermöglicht, einander zu widersprechen, ohne einander niederzumetzeln, und gleichzeitig für einander und für die Natur Sorge zu tragen (vgl. Adloff/Leggewie 2014, S.47). Damit soll gemeint sein, sachliche Diskussionen zu führen ohne einander zu verurteilen oder herablassend über den anderen zu reden, nur weil man selbst anderer Meinung ist. Konflikte sollen keineswegs vermieden oder sogar ignoriert werden. Es ist durchaus wichtig, und dient auch der eigenen geistigen Entwicklung, sich mit Themen auseinander zu setzen und mit Menschen darüber zu diskutieren, die anderer Meinung sind. Es muss ein neuer Ansatz geschaffen werden, der das allgemeine Denken der Menschen verändert und neue Ansichten bezüglich der Lebensvorstellungen bietet, die heute vertreten werden. „Das Streben nach unendlichem ökonomischem Wachstum schürt ebenso viele oder noch mehr Konflikte zwischen den Menschen, als es beilegt." (Adloff/Leggewie 2014, S.51). Es beginnt also eine erste Rivalität, mit der man lernen muss umzugehen, ohne einander zu schaden. Der Mensch wächst mit dem Bedürfnis auf nach mehr zu streben. Er wird dazu erzogen, auch wenn er alles hat. Wichtig zu erwähnen ist, dass viele Personen primär immer an ihr eigenes Wohl denken und erst sekundär an andere Menschen oder die Umwelt. Viele kaufen sich beispielsweise ein neues Auto, das einen sehr hohen Benzinverbrauch hat, obwohl sie wissen, dass es der Umwelt schadet. Ein weiterer Aspekt, auf den kaum einer selbst verzichten möchte, ist der Urlaub. Man möchte so viel wie es nur geht von der Welt sehen, um seinen Horizont zu erweitern und um neue Erfahrungen zu sammeln. Das „Erkunden" der Welt definieren viele mit „Glück" oder „Erfüllung". Dazu greift man als Transportmittel häufig gerne auf Flugzeuge zurück, ohne über die Umweltbelastung nachzudenken. Aber auch geschäftliche Reisen werden immer häufiger mit dem Flugzeug angetreten. Man ist sehr schnell am anderen Ende Deutschlands und am Abend wieder daheim bei der Familie. Deshalb werden auch Kurzstreckenflüge innerhalb des eigenen Landes gerne angenommen. Dies liegt vor allem am Zeitgewinn im Vergleich zu Reisen mit Auto, Reisebus oder Zug.

Selbst der Wintersport hat in den letzten Jahren enorm zugenommen und immer mehr Menschen gehen zum Skifahren oder Snowboarden. Jedoch locken die Gebiete nicht nur Skifahrer an sondern auch Wanderer. Dazu kommen die Menschen, die zum Feiern in die jeweiligen Gebiete fahren, um Spaß zu haben. Jeder dieser Menschen, die nach Österreich, in die Schweiz oder in die deutschen Alpen fahren, ist sich darüber bewusst, wie massiv in die Natur eingegriffen werden musste und welche Umweltschäden durch diesen Tourismus entstehen. Trotzdem steigen die Besucherzahlen in den Tourismusgebieten der Wintersportorte weiter an. Seine eigenen Ansprüche herunterzufahren und erst an die Mitmenschen oder die Umwelt zu denken ist ein wichtiger Ansatz, der jedoch kaum umzusetzen ist, da die heutige Gesellschaft dazu „erzogen" wurde, zuerst egoistisch zu handeln. Man arbeitet ja schließlich das ganze Jahr hart und hat es verdient sich Auszeiten mit ausgedehntem Urlaub, gutem Essen und Trinken zu leisten. Das Gleichgewicht zwischen harter Arbeit und Freizeit ist häufig nicht ausgeglichen und sorgt dafür, dass der Einzelne in seinen Entscheidungen immer egoistischer wird. In der Arbeitswelt wird man darauf getrimmt immer das Maximum zu erreichen, um möglichst viel Profit zu erzielen. Jedoch sollte das Ziel sein, seiner Arbeit nachzugehen, ohne so massivem Druck ausgesetzt zu sein und wenig Anerkennung zu bekommen. Daran anknüpfend wird folgende These aufgeworfen: „Konkret ist es jedermanns Pflicht, die Korruption zu bekämpfen. Passiv bedeutet das, es abzulehnen, im Privatleben, bei der Arbeit oder generell in allen Tätigkeiten, etwas für Geld (oder Macht oder institutionelles Ansehen) zu tun, was das Gewissen verurteilt und sich auf diese Weise von dem, was man für richtig und wünschenswert erachtet, abbringen zu lassen."(Adloff/Leggewie 2014, S.64). Diese Sichtweise ist selbstverständlich ein schöner Gedanke bzw. eine Wunschvorstellung. Leider dreht sich das gesamte System, in dem die Menschen leben, um Geld. Geld ist das wichtigste Medium das es gibt. Ohne Geld ist es nicht möglich ein anerkanntes Leben zu führen. Damit soll nicht gemeint sein, dass es zu befürworten ist ständig nach Geld zu streben, aber dies ist die Realität in unserer Gesellschaft. Zudem ist es wichtig zu erwähnen, dass Menschen denen es finanziell gut oder sogar sehr gut geht, leichter solche Aussagen treffen können, als Menschen denen es schlechter geht. Wenn jemand finanzielle Probleme hat so wird er auch Tätigkeiten nachgehen, die ihm nicht gefallen, oder bei deren Ausübung er kein gutes Gewissen hat. Leider bieten sich nicht jedem Menschen die gleichen Chancen, aufgrund des Schulabschlusses oder der sozialen Ungleichheit, die leider noch immer vorhanden ist. Diese Menschen können es sich nicht aussuchen, was sie tun möchten. Ihnen wird nicht die Möglichkeit geboten ein Angebot abzulehnen. Es ist sehr wichtig den sozialen Kontext zu berücksichtigen, anstatt zu fordern, es sei jedermanns Pflicht sich auf eine entsprechende Art und Weise zu verhalten. Außerdem sollte niemand unterstützt oder gefördert werden, der korrupt ist oder dementsprechende Leistungen anbietet. Aber auch hier kommt es wieder auf die individuelle Lage jedes Einzelnen an. Nicht immer hat man die Möglichkeit sich dieser zu entziehen. Manchmal handelt man zum Beispiel aus der Angst heraus keinen anderen Job zu finden oder aus Abhängigkeit etc.

Soziale bzw. zwischenmenschliche Konflikte wurden bereits aufgezeigt, jedoch darf man die Natur nicht aus den Augen verlieren. Momentan behandelt die Gesellschaft in der wir leben den Planeten Erde als hätte diese unendlich viele Ressourcen. Das zeigt sich vor allem am ständigen ökonomischen Wachstum. Man geht immer öfter davon aus, dass man durch technische oder wissenschaftliche Ansätze dazu beitragen kann, die Umwelt zu schützen oder sie gar zu ersetzen. Solche Ansätze helfen jedoch häufig gar nicht oder zu spät. Wenn ein neues Projekt bezüglich der Umwelthilfe gestartet wird, so dauert dieses in der Entwicklung einige Jahre. Doch anstatt Jahre damit zu verschwenden alles bis ins kleinste Detail zu planen, sollte man die Dinge einfach schneller umsetzen.

Ein weiterer Punkt ist, dass für die Umsetzung dieser Ansätze häufig viel Geld benötigt wird. Studien müssen durchgeführt werden, Personal bezahlt und Gerätschaften gekauft werden. Hier stellt sich die Frage der Finanzierung. Sicherlich gibt es auch von staatlicher Seite einige Zuschüsse. Diese allein reichen allerdings meist nicht aus, um die hohen Kosten zu decken. Aus diesem Grund sind viele Projekte auf Spendengelder aus der Bevölkerung oder aus gemeinnützigen Organisationen angewiesen. Genau hier sieht man, dass auch viele Privatpersonen an der Erhaltung des Planeten interessiert sind. Es bleibt zu hoffen, dass diese Unterstützung aus der Bevölkerung auch in Zukunft noch erhalten bleibt, oder am besten noch zunimmt.

Das Thema Plastik ist in den letzten Jahren immer präsenter geworden. Die Forderung aus der Bevölkerung, Plastiktüten und unnötige Plastikverpackungen zu vermeiden, hat in vielen Bereichen zu einer Reduzierung des Plastikmülls gesorgt. Hier kann man vor allem die Supermärkte aufführen, die teilweise gar keine Plastiktüten mehr anbieten, oder diese zumindest nicht mehr umsonst und nur auf Anfrage verkaufen. Auch hier erkennt man, dass die Gesellschaft zumindest im Bereich Plastik um die Umwelt besorgt ist. Allerdings stellt sich die Frage, warum die Plastiktütenvermeidung in den Supermärkten nicht schon viel früher umgesetzt wurde. Wahrscheinlich liegt das daran, dass die Forderungen aus der Gesellschaft noch nicht so groß waren und in den letzten Jahren das Umweltbewusstsein zugenommen hat. Es ist ja so: Es wird produziert, was der Kunde gerne konsumiert – das betrifft auch Plastiktüten.

Literaturverzeichnis

Adloff, Frank/ Leggewie, Claus (2014): Das konvivialistische Manifest. Für eine neue Kunst des Zusammenlebens. Bielefeld: transcript Verlag.

Adloff, Frank (2014): Das konvivialistische Manifest– Frank Adloff über eine neue Philosophie des Zusammenlebens, aufgerufen über: https://www.youtube.com/watch?v=ZgWiT1iZYWk. (zuletzt: 05.05.2020)

Kreislaufwirtschaft: Cradle to Cradle

Die Umwelt ist ein Thema das allgegenwärtig und immer präsent ist. Man nimmt jeden Tag, manchmal bewusst, manchmal aber auch unbewusst, Besitz von Ihr. In den Medien, der Politik aber auch im privaten Umfeld werden Umweltprobleme immer wieder thematisiert. Jedem Menschen ist bewusst, dass die Umweltbelastungen immer mehr an Bedeutung gewinnen und immer mehr zunehmen. Ein Grund ist der steigende Konsum der Menschen und die zunehmende Weltbevölkerung. Man bedient sich an deutlich mehr Ressourcen und beutet den Planeten so immer mehr aus. Aus diesen Gründen sind Veränderungen dringend nötig. Michael Braungart und William McDonough haben sich intensiv mit dem Thema der Umwelt befasst und ein Prinzip konzipiert, das der Umwelt etwas zurückgeben soll. Sie nennen ihre Philosophie das Cradle to Cradle Prinzip.

Quelle: Biologischer und technischer Zyklus bei Cradle-to-cradle. Wikipedia. (https://de.wikipedia.org/wiki/Cradle_to_Cradle).

Die Cradle to Cradle Philosophie war eine Idee, die von Michael Braungart und William McDonough (1989– 1991) entwickelt wurde. Die beiden Autoren verfassten ein Buch mit dem Titel „Cradle to Cradle: Remaking the Way We Make Things" (Braungart und McDonough 2002).

Das Prinzip des „Cradle to Cradle", von „der Wiege zur Wiege" ist, dass man jegliche Stoffe und Materialien so herstellt, dass sie nicht schädlich für die Umwelt sind. Das Wegwerfen von Dingen soll nicht mehr Schaden anrichten, sondern die Natur stärken. Die zentrale These der beiden Autoren lautet: „Abfall ist Nahrung." (Scholz, Pastoors, Becker, Hofmann, Van Dun 2018, S.7). Unternehmen oder Konzerne sollen die Produkte so konzipieren, dass sie entweder als biologische oder technische Nährstoffe in ihren jeweiligen Kreislauf zurückkehren können. Man spricht in diesem Zusammenhang von einem positiven und ganzheitlichen Zusammenhang, der die Nachhaltigkeit nicht nur fördert, sondern auf ein neues Level setzt. Jedes Produkt, das auf dem Markt ist, soll vollständig wiederverwertet werden in einem geschlossenen Kreislauf. Das bedeutet also, dass alle verwendeten Materialen entweder biologisch oder technisch recyclebar sein müssen.

Braungarts Theorie ist, dass es möglich ist auf diese Art in unserer Welt zu leben, obwohl man Abfall erzeugt. Beispiele dafür sind Schuhe mit biologisch abbaubaren Sohlen oder Staubsauger, die so errichtet wurden, dass man sie nach Gebrauch zurück in den technischen Kreislauf führen kann. Bei der oben dargestellten Abbildung kann man gut erkennen was die Philosophie von Braungart und McDonough ist. Man sieht die beiden Kreisläufe, einmal den biologischen Kreislauf und einmal den technischen Kreislauf. In der Mitte befinden sich die Menschen und die Tiere, also die Verbraucher. Die Produkte, beziehungsweise die Materialien, die man aus dem Kreislauf herausnimmt, sollen auch wieder zurückgeführt werden, nicht verändert und nicht vernichtet. Am Bespiel eines Produkts wird nun ausgeführt, wie dieses zurück in den biologischen Kreislauf geführt werden kann. Dabei handelt es sich um ein Produkt, das aus Textilien hergestellt wird. Anfang der neunziger Jahre suchte man nach einer Möglichkeit Polsterbezüge kompostierbar herzustellen (vgl. 138). Der Stoff sollte so entwickelt werden, dass er ästhetisch und zugleich umweltfreundlich ist. Damals war es jedoch gar nicht so einfach ein solches Material zu finden, das alle gewünschten Komponenten vereint. Als nach einer langen Zeit endlich ein Stoff gefunden wurde, der sowohl umweltfreundlich war und zugleich den Zweck für den Verbraucher erfüllte, strapazierfähig und optisch ansprechend zu sein, begann man mit der Entwicklung für Farben auf nicht chemischer Basis. Man suchte lange nach einer Firma, die das Projekt unterstützen wollte, bis man eine Firma in der Schweiz fand. Mit der Zeit gingen die entwickelten Stoffe in die Produktion und im Abwasser der Chemiefirma wurden keine giftigen oder schädlichen Stoffe mehr nachgewiesen. Das hatte auch einen positiven Nebeneffekt für die Angestellten des

Unternehmens, denn es gab keine Räume mehr mit giftigen Stoffen oder Materialien und das wirkte sich sehr positiv auf die Gesundheit der Mitarbeiter aus. Das Endprodukt, die Stoffüberzüge, kam bei den Kunden sehr gut an und verkaufte sich hervorragend. Wenn der Stoff abgenutzt war, oder man ihn nicht mehr brauchte, so konnte man ihn einfach abziehen und kompostieren, wo er als Nahrung für jegliche Mikroorganismen zur Verfügung steht (vgl.142). Dieses Beispiel von Braungart soll zeigen, dass es ein langer und aufwendiger Prozess, sowohl für die Entwickler, als auch für das Unternehmen ist, nach dem Cradle to Cradle Prinzip zu produzieren. Gerade wurde ein Beispiel genannt, welches sich auf den biologischen Kreislauf bezieht, beim technischen Kreislauf ist das Unterfangen ebenso aufwendig und bedarf einer Menge Zeit.

Um das Prinzip vollständig zu verstehen, haben Braungart und McDonough „vier goldene Regeln" zusammengefasst, die ihre Idee verstärken.

1. Der Abfall ist unsere Nahrung.

2. Die Sonne ist unser Einkommen.

3. Die Ressourcen Luft und Boden dürfen nicht gesundheitsschädlich sein.

4. Die Vielfalt ist in jeder Hinsicht zu achten und zu schützen (vgl. Scholz, Pastoors, Becker, Hofmann, Van Dun 2018, S. 34).

Eine sehr interessante Aussage von Seiten Braungarts lautet, dass man, wenn man das Prinzip von Cradle to Cradle einhält, sogar im Überfluss leben kann. Diese These ist aus einem bestimmten Grund von Bedeutung, denn dabei stellt sich die Frage: Ist Abfall nicht immer noch Abfall, selbst wenn man diesen in einen natürlichen Kreislauf zurückführen kann? Wiederspricht diese Aussage nicht der ursprünglichen Idee, die Umwelt zu schonen und ihr etwas Gutes zurückzugeben? Natürlich wäre es um einiges besser für das Umweltsystem, wenn man der Strategie des Cradle to Cradle folgen würde, jedoch sollte damit auch eine gesunde Einstellung zum Verbrauch und dem Konsum von Produkten einhergehen. Es leben aktuell (im Jahr 2020) 7,77 Milliarden Menschen auf dem Planeten Erde, ist es da wirklich sinnvoll einen Appell an die Menschen zu richten, indem man sagt, dass es in Ordnung sei unendlich viel zu konsumieren, wenn man sich denn an Cradle to Cradle hielte. Das hört sich eher wie eine Utopie an und man kann das Problem der Überbevölkerung dabei nicht aus den Augen verlieren.

Auch viele Kritiker sehen das Prinzip der beiden Autoren differenziert.

Allerdings ist das Cradle to Cradle Prinzip nicht das einzige, dass die Welt zu einem besseren Ort machen möchte. Denn eines geht dem Cradle to Cradle Modell voraus, beziehungsweise verläuft parallel zu ihm. Die Rede ist vom Konzept der Ökoeffizienz versus Ökoeffektivität. Dabei nutzt man den ökologischen Fußabdruck, um die Ökoeffizienz eines Produktes zu berechnen. „Ökoeffizienz ist der Quotient aus dem Wert eines Produktes und den durch den Herstellungsvorgang für die Allgemeinheit entstandenen Kosten" (Scholz, Pastoors, Becker, Hofmann, Van Dun 2018, S. 31). Ein Produkt dann als ökoeffizient eingestuft, wenn es wirtschaftlich wettbewerbsfähig ist und die Bedürfnisse der Menschen stillt, unter Berücksichtigung der jeweiligen Lebensqualität. Weiterhin sollen so wenige Ressourcen wie möglich verbraucht werden, damit die Natur die Möglichkeit hat sich natürlich zu regenerieren (vgl. Scholz, Pastoors, Becker, Hofmann, Van Dun 2018, S.32). Dabei ist wichtig zu erwähnen, dass der Herstellungsprozess, der Gebrauch und die spätere Entsorgung eines Produktes in die Endbilanz mit einbezogen werden. Man nennt diesen Prozess auch „von der Wiege bis zur Bahre". Dabei unterscheidet sich dieses Konzept sehr strikt von dem des Cradle to Cradle, denn da ist die Devise „von der Wiege zur Wiege". Die Unternehmen bevorzugen jedoch die Ökoeffizienz aus einem bestimmten Grund. Sie haben keine Einbußen im wirtschaftlichen Sinn, sie können mit den gewonnenen Kennzahlen die Produktionstätigkeit und das Produkt selbst wirtschaftlich gestalten. Die besseren Umweltfaktoren sind dabei nur ein positiver Nebeneffekt (vgl. Scholz, Pastoors, Becker, Hofmann, Van Dun 2018, S.32). Daraus lässt sich schließen, dass man Unternehmen umweltfreundliche beziehungsweise umweltsteigernde Konzepte präsentieren kann, dabei aber immer im Hinterkopf behalten muss, dass es für die Unternehmen wirtschaftlich rentabel sein muss. Kein Unternehmen möchte wegen umweltfreundlicher Herstellung von Produkten finanzielle Einbußen in Kauf nehmen. Das ist eine Wunschvorstellung, die sich in der Realität noch nicht so umsetzen lässt. Dafür müsste der Mensch einen neuen Denkansatz verinnerlichen. Die Ökoeffizienz schafft mit seinem Konzept eine klassische Win-Win- Situation und somit sind beide Parteien zufrieden. „Ökologie und Ökonomie profitieren somit gleichermaßen, weil das Unternehmen mit weniger Energie- und Ressourcenaufwand mehr produzieren kann." (Scholz, Pastoors, Becker, Hofmann, Van Dun 2018, S.32). Wenn sich dies so umsetzen lässt, werden immer mehr Unternehmen sich einer solchen Strategie anschließen. Es gibt zu diesem Konzept auch die ein oder andere kritische Stimme. Bei dem Modell der Ökoeffizienz, also dem Cradle to Grave, wird zwar gelobt, dass man bewusster mit Ressourcen umgeht, jedoch wird die

Verringerung, die Wiederverwendung und der Prozess des Recyclings lediglich verlängert, aber nicht vollständig gestoppt. Genau an dieser Stelle soll nun das Cradle to Cradle Konzept anschließen, denn hier soll der Abfall eines Produktes zur Nahrung des Ökosystems umgewandelt werden.

Abschließend ist zu sagen, dass sich sowohl aus dem ökoeffizienten Konzept, aber auch aus dem Cradle to Cradle Prinzip, sowohl positive als auch negative Schlüsse ziehen lassen. Eines ist aber sicher, wir beuten den Planeten Erde immer stärker aus und damit muss Schluss sein. Jeder Mensch sollte ein wenig mehr auf sich selbst achten und sein Verhalten bezüglich der Umwelt reflektieren und verbessern. Denn manchmal sind es nur Kleinigkeiten, die etwas verändern können, wie zu Beispiel den Müll zu trennen oder auf Plastik so weit es geht zu verzichten, oder das Fahrrad für kurze Strecken zu nutzen und das Auto stehen zu lassen. Das Ökosystem wird immer stärker belastet und jeder Mensch muss etwas dafür tun, dass es die Chance hat sich wieder zu erholen. Denn die Menschen waren es, die das Ökosystem negativ beeinflusst haben, deshalb liegt es auch in der Verantwortung aller, dafür zu sorgen, dass dies nicht so weiter geht. Das Cradle to Cradle Prinzip zeigt mit seinen Ideen Möglichkeiten auf, woran jeder Einzelne arbeiten muss, damit ein Schritt in die richtige Richtung geschehen kann.

Literaturverzeichnis

Scholz, Ulrich/ Pastoors, Sven/ Becker, Joachim H./ Hofmann, Daniela/ Van Dun, Rob (2018): Praxishandbuch Nachhaltige Produktionsentwicklung. Ein Leitfaden mit Tipps zur Entwicklung und Vermarktung nachhaltiger Produkte. Berlin: Springer Gabler Verlag.

Braungart, Michale/ McDonough, William (2007): Cradle to Cradle. Einfach intelligent produzieren. Piper München Zürich.

Internetquellen

https://www.youtube.com/watch?v=4YLNbhglD5M (zuletzt aufgerufen am 17.05.2020)

Abbildung: https://de.wikipedia.org/wiki/Cradle_to_Cradle (zuletzt aufgerufen am 17.05.2020)

Postwachstumsdebatte

In unserer heutigen Gesellschaft ist es selbstverständlich, dass man sich immer Weiterbilden und Weiterentwickeln muss, um in seinem Beruf erfolgreich zu sein und anerkannt zu werden. Wir leben in einem Zeitalter, in dem jeder danach strebt schneller und besser zu sein. Dabei spielt das Alter eines Individuums keine Rolle. Die nachfolgenden Generationen werden in eine Welt hineingeboren, in der Freiheit, Flexibilität und Leistung zentrale Punkte sind. Für sie ist es selbstverständlich, dass Eltern länger arbeiten oder sich das Gesprächsthema beim Abendessen um den Arbeitstag dreht. Die heutige Gesellschaft befindet sich in einem immer schnelleren Wandel. So auch Hartmut Rosa: „Diese Erfahrung der Beschleunigung der uns umgebenden Welt ist in Wahrheit ein ständiger Begleiter der modernen Menschen." (Rosa 2013, S. 16). Man ist schon lange nicht mehr an einen Ort gebunden um Privates oder Berufliches zu managen. Denkt man beispielsweise an geschäftliche Telefonate, die im Privatleben noch schnell erledigt werden oder das sogenannte Home Office. Auch eine E-Mail kann noch schnell nachts aus dem Bett verschickt werden, damit sie pünktlich am Morgen für die Kollegen bereitliegt. Um zu arbeiten muss man schon längst nicht mehr das Haus verlassen und kann schnell noch einige Dinge nebenbei erledigen, wie beispielsweise die Wäsche waschen, oder das Kind beim Hausaufgaben machen betreuen. Dieser Entwicklungsprozess und der ständige Wandel ist längst selbstverständlich geworden und der Mensch hat gelernt mit ihm umzugehen und sich darauf einzustellen.

Es gibt jedoch noch gewisse Prozesse, die der Mensch nicht beschleunigen kann. Ein Tag dauert immer gleich lang, das bedeutet die Zeit bleibt also als feste Konstante bestehen egal, ob an manchen Tagen die Stunden gefühlsmäßig schneller vergehen als an anderen. Auch Schwangerschaften, Jahreszeiten und die Erziehung eines Kindes, benötigen eine Zeitspanne die vom Menschen nicht beeinflusst werden kann (vgl. Rosa 2013, S. 17f). Es gibt aber auch Prozesse, die durch den Menschen nicht beschleunigt, sondern verlangsamt werden. Der Autor selbst spricht von einem Stau im Straßenverkehr, in dem alles zum Stillstand kommt, ganz gegen den Willen des Menschen. Aus der subjektiven Perspektive betrachtet fühlen sich viele Menschen von der sogenannten Beschleunigung unter Stress gesetzt und hetzen von A nach B. Heutzutage versteht man unter „Stress" einen gewissen Belastungszustand, dem man sich im Alltag und vor allem am Arbeitsplatz ausliefert. Stress wird vor allem dann ausgelöst, wenn beispielsweise Unsicherheiten auftreten. Dies kann am Arbeitsplatz vorkommen, wenn man wichtige Entscheidungen treffen muss oder Ärger mit Kollegen oder dem Vorgesetzten hat. Um nicht in Burn-Out zu verfallen oder sich körperlich sowie psychisch zu überfordern ist es wichtig, sich selbst Auszeiten zu genehmigen. Man wählt also bewusst Urlaubziele an denen man nichts tun muss wie zum Beispiel Wellnesshotels oder Rückzugsorte an denen man abschalten kann. Wie bereits schon kurz erwähnt verliert der Ort, an dem man lebt und arbeitet, immer mehr an Bedeutung. „Abläufe und Prozesse sind nicht länger lokalisiert, und Industrieanlagen tendieren dazu, >> Nicht-Orte<< zu werden, also Orte ohne Geschichten, Identität oder Beziehung" (Rosa 2013, S. 21). Damit ist eben gemeint, dass man nicht mehr an Orte gebunden ist und somit auch keine Beziehung zu den Ereignissen an den jeweiligen Orten aufbaut. Jedweder persönliche Bezug soll somit verschwinden. Wenn man früher im Büro Wochen, Monate oder sogar Jahre am selben Projekt gearbeitet und es dann erfolgreich beendet hat, hat man eine bleibende Erfahrung, eine Geschichte, die einen mit dem Arbeitsplatz verbindet. Wenn man jedoch jeden Tag an einem anderen Platz bzw. Ort arbeitet, so fehlt diese Verbindung und alles wird distanzierter. Aus diesem Grund bestehen vielleicht einige Menschen auf einem Ort der als zentraler Arbeitsplatz gilt und von dem aus am häufigsten gearbeitet wird und schwere Entscheidungen getroffen werden. Denn im Innersten hat jeder Mensch das Grundbedürfnis nach Sicherheit und Stabilität. Man wird immer wieder aus dieser sicheren Zone herausgerissen durch die, so Rosa, „schicksalhafte Verbindung von Wachstum und Geschwindigkeit" (Rosa 2013, S. 34) der Gesellschaft. Aber nicht nur all die neuen technischen Möglichkeiten verleiten den Menschen dazu mehr zu arbeiten, sondern auch der ständige Wettbewerbsdruck. Jeder steht mit jedem im ständigen Vergleich. Wer fährt das größte Auto? Welches Kind besucht welche Schule? Welche Klamotten trägt der andere? Wer fährt wo hin in den Urlaub? Dies ist nur eine kleine Auswahl an Dingen, die zum Alltag der Menschen gehören und denen man sich nicht entziehen kann. Selbstverständlich gibt es Menschen, die behaupten, dass sie keinen Wert auf die Meinung der anderen legen und versuchen eine Einstellung zu entwickeln, um sich diesem Druck zu entziehen. Nimmt man das Beispiel, dass mehrere Angestellte im selben Unternehmen tätig sind und derjenige der mehr verkauft eine Provision bekommt. Schon steckt man, egal ob man will oder nicht, in einer Wettbewerbssituation, der man sich nicht entziehen kann. Sobald genug Geld im Spiel ist, ist der Mensch sehr leicht beeinflussbar. Man muss ihm schlicht und einfach das Gefühl geben, dass, wenn er gewisse Anforderungen erfüllt, ein erfolgreiches, und wohlhabendes Leben führen kann. Das sind Werte nach denen man strebt, die einem schon im Kindesalter vermittelt werden und welche als die Erfüllung des Lebens gelten. Der Mensch strebt nach immer mehr und ist schwer zufrieden zu stellen.

Eine weitere interessante These, diesmal von Robert und Edward Skidelsky ist: „Wir sind nicht prinzipiell gegen Wirtschaftswachstum, aber wir fragen mit gutem Grund nicht nur, wozu das Wachstum da sein soll, sondern auch, was wachsen soll." (Skidelsky 2014, S.14). Damit meinen die beiden, dass die Freizeit der Menschen wachsen und beispielsweise die Umweltverschmutzung abnehmen soll. Dies wäre ein sehr sinnvoller Plan, der sowohl Mensch als auch Natur guttun würde. Allerding wird diese Vorstellung nicht umgesetzt. Die beiden Autoren gehen zudem mit einem anderen Ansatz an die Frage heran, was zu einem guten Leben gehört, als andere Autoren. Sie beschäftigen sich mit der These, was zu einem guten Leben gehört, wenn man alles Nötige bereits hat (vgl. Skidelsky, S. 17). Wie lassen sich die Bedürfnisse der Menschen befriedigen, auch ohne zusätzliches Geld, mit dem man sich immer mehr materielle Dinge anschaffen könnte. Des Weiteren ist es interessant sich darüber Gedanken zu machen, wie es ist, wenn man sich selbst dazu auffordert oder andere dazu animiert, etwas im Leben zu ändern oder kürzer zu treten. Die meisten sagen spontan „jetzt schon?" oder „jetzt ist nicht der richtige Zeitpunkt für so große Veränderungen". Auch Sätze wie „Man ist doch dazu da, um das Wachstum zu fördern" fallen sicherlich nicht selten. Der Drang zu immer mehr ist also etwas, das der Mensch nicht so einfach abstellen kann und teilweise auch nicht möchte.

Robert und Edward Skidelsky sind außerdem der Frage nachgegangen, welche Gemeinsamkeiten Menschen im Gegensatz zu anderen Lebewesen auszeichnen. Dabei führen sie sogenannte Basisgüter an, also „Dinge, die zu einem guten Leben gehören" (Skidelsky 2014, S.199).

Als Basisgüter führen sie hierbei unter anderem „Respekt, Sicherheit, [Vertrauen und] liebevolle Beziehungen" (Skidelsky 2014, S.199) an. Wenn diese Güter fehlen wird das als Unglück angesehen. Diese Güter sind allerdings nicht überall in gleicher Form vorhanden. Dieser Meinung sind auch die beiden Autoren. Beispielsweise gibt es unterschiedliche Ansichten darüber, was Respekt ist. So begegnet man bestimmten Menschen mit mehr und anderen mit weniger Respekt. Auch die Art des Respekts ist je nach Situation und Individuum unterschiedlich. Robert und Edward Skidelsky führen hier als Beispiel den Unterschied zwischen einem Prinzen und einem Taxifahrer an. Einem Prinzen begegnet man auf eine andere Art und Weise mit Respekt, als einem Taxifahrer. Hier spielt sicherlich auch die eigene

Einstellung eine große Rolle. Wenn man beispielsweise dem Beruf Taxifahrer nicht wertschätzend gegenübersteht und eine eher abwertende Grundeinstellung gegenüber diesem Beruf besitzt, so wird man weniger Respekt zeigen, als wenn man dem Beruf einen gewissen Grad an Anerkennung beimisst. Aber auch das Verhalten des Gegenübers kann das eigene Verhalten beeinflussen. Wenn man selber nicht respektvoll behandelt wird, so wird man auch das Gegenüber eher weniger respektvoll behandeln. Jeder Mensch wird gerne respektvoll behandelt. Respekt ist genauso wie Gesundheit, Sicherheit und vertrauensvolle Beziehungen etwas, dass „zu einem guten Leben" (Skidelsky 2014, S.199) gehört.

Robert und Edward Skidelsky haben eine andere Sichtweise auf eben genannte Basisgüter als beispielsweise Amartya Sen und Martha Nussbaum, die ihre Wurzeln in den Bereichen Entwicklungsökonomie und Moralphilosophie haben. Im Gegensatz zu Sen und Nussbaum definieren sie die Bedeutung von Basisgütern anders. Sie „sind nicht nur Mittel oder Befähigungen zu einem guten Leben, sie *sind* das gute Leben" (Skidelsky 2014, S.201). Sen und Nussbaum hingegen sind der Ansicht, dass „die Befähigung, nicht die Funktionsweise, das angemessene [...] Ziel" (Nussbaum, zitiert nach Skidelsky 2014, S.201) ist.

Der grundlegende Unterschied in der Betrachtungsweise ist also die Art und Weise, welche Rolle den Basisgütern zugeschrieben wird. Das Vorhandensein der Basisgüter ist nach Robert und Edward Skidelsky bereits ein Merkmal eines bestehenden guten Lebens. Bei Sen und Nussbaum befähigen die Basisgüter einen Menschen erst dazu ein gutes Leben zu führen. Beide Ansätze haben sicherlich ihre Berechtigung. Welchem man eher zustimmt, kommt dabei ganz auf die individuelle Betrachtungsweise an. Jeder Mensch hat unterschiedliche Bedürfnisse und andere Ansichten darüber, was ein gutes Leben wirklich ausmacht. Ob Basisgüter zu einem guten Leben befähigen oder ob Basisgüter bereits das gute Leben darstellen, muss jeder für sich selbst entscheiden.

Literaturverzeichnis

Rosa, Hartmut (2013): Beschleunigung und Entfremdung. Entwurf einer Kritischen Theorie spätmoderner Zeitlichkeit. Berlin: Suhrkamp Verlag.

Skidelsky, Robert/ Skidelsky, Edward (2014): Wie viel ist genug? Vom Wachstumswahn zu einer Ökonomie des guten Lebens. München: Wilhelm Goldmann Verlag.

Prosperity without Growth

Immer wieder hört man im Zusammenhang mit dem Begriff Wohlstand auch den Begriff des Wachstums. Doch die Finanzkrise und das damit verbundene Wirtschaftsmodell zeigen, dass man immer mehr auf das Wachstum der Gesellschaft setzt. Jedoch kann es nicht das Ideal der Menschheit sein, das Wachstum um jeden Preis zu fördern, um den Planeten immer mehr auszubeuten. Tim Jackson diskutiert diesbezüglich in seinem Buch „Wohlstand ohne Wachstum. Leben und Wirtschaft in einer endlichen Welt" über den Wohlstand der Gesellschaft. Dabei werden sowohl positive aber vor allem auch negative Argumente genannt. Denn das Wachstum der Gesellschaft treibt sowohl den Klimawandel als auch die Umweltzerstörung immer weiter voran (vgl. Jackson 2011, S. 32). Eine Tatsache, die mittlerweile allen bewusst sein sollte ist, dass die vorhandenen Ressourcen begrenzt sind und die Menschen trotzdem immer mehr konsumieren. Ein Grund dafür ist, dass man Wohlstand hauptsächlich an materiellen Gütern festmacht. Jackson bezieht sich in seinem Werk auf die Gedankengänge des Autors Amartya Sen. Dieser definiert Wohlstand in mehreren Etappen, bzw. sagt, dass Wohlstand aus mehreren Perspektiven gedacht werden kann (vgl. Jackson 2011, S. 34f). Dabei unterscheidet er zwischen „Wohlstand als Fülle", „Wohlstand als Nutzen" und „ Wohlstand als Verwirklichungschancen". Bei dem ersten Konzept nach Sen geht es, wie eben schon erwähnt, um die Fülle der materiellen Güter. Diese Art von Wohlstand soll dadurch befriedigt werden, dass man sich immer mehr materielle Dinge zulegt. Nicht ohne Grund wird die heutige Gesellschaft als Konsumgesellschaft betitelt. Umso mehr man besitzt, umso mehr hat man das Gefühl sich etwas leisten zu können. Für viele Menschen ist das der entscheidende Grund für Wohlstand. Man befindet sich in einem Teufelskreis in dem jeder Mensch nach immer mehr Gütern strebt. Dieser Prozess kommt nie zum Stillstand. Wenn man genauer darüber nachdenkt, sein eigenes Verhalten bezüglich der „Fülle" reflektiert und sich die Frage stellt, was man wirklich im Leben braucht und was nicht, so kann man feststellen, dass jeder Einzelne oft Dinge kauft die überflüssig und unnötig sind. Auch die Freiheit sich alles kaufen zu können, was man möchte, macht den Prozess im Überfluss zu leben nicht gerade einfacher. Freilich kann man sich nicht alles leisten, was auf dem Markt angeboten wird, doch es gibt genug preisgünstigere Alternativen.

Das zweite Verständnis von Wohlstand so Sen ist der „Wohlstand als Nutzen". Darunter versteht man nicht wie beim ersten Konzept das Konsumieren in Fülle, sondern es geht um die Befriedigung, welche das Konsumieren mit sich bringt. Man kann diese Art von Befriedigung einmal aus psychischer aber auch aus physischer Sicht sehen. Unter physischer Befriedigung versteht man, die Versorgung des Körpers mit Nahrung. Bei der psychischen Befriedigung, dem durchaus spannenderen Teil, geht es um die Befriedigung, die durch den Kauf bestimmter Güter erreicht wird. Welches Gefühl erhält man, wenn man sich ein neues Smartphone, Fernseher oder Laptop kauft? In diesem Zusammenhang kann man sich auch die Frage stellen, in wie weit das Kaufverhalten des Einzelnen von anderen Menschen, von der Umgebung beeinflusst wird. Schon bei Kindern kann man feststellen, das sie meistens das wollen was das andere Kind hat. Immer wieder geben die Eltern diesem Gruppenzwang nach und kaufen es dann auch. Man vergleicht sich in gewisser Weise mit seinen Mitmenschen und passt sich, sowohl bewusst als auch unbewusst, an das übliche Konsumverhalten an. Wenn man bei anderen Menschen beispielsweise ein Outfit oder eine Tasche, Schmuck oder ein Auto sieht, das einem gefällt, so denkt man automatisch darüber nach, sich das Gleiche oder etwas Ähnliches zu kaufen um eine innere Befriedigung zu erhalten.

Bei dem „Wohlstand als Verwirklichungschancen" geht es um die Möglichkeit sein Leben selbst zu gestalten. Man soll die Chance bekommen Wohlstand für sich selbst zu definieren und individuell an die eigenen Bedürfnisse anpassen. Dabei meint Sen, jeder sollte den Beruf ausüben, der einem Spaß macht. Man soll an der Gesellschaft teilhaben können und jeder sollte die Möglichkeit bekommen einen guten Ernährungszustand zu erhalten (vgl. Jackson 2011, S. 40). Es sollte jedem Menschen möglich sein das eigene Leben so zu verwirklichen wie man es möchte, unabhängig von der Erwartungshaltung Anderer oder der Gesellschaft. Jedoch ist dies in der Umsetzung nicht so einfach wie man vielleicht denkt. Denn jeder einzelne Mensch befindet sich in einem Sozialisationsprozess. Man bekommt schon als kleines Kind vermittelt was richtig und was falsch ist. Man lernt in verschiedene Rollen zu schlüpfen und sich an Situationen anzupassen. Irgendwann tut man gewisse Dinge ganz automatisch. Wie z.B. Jemandem die Hand zu geben, wenn man sich begrüßt etc. Deshalb ist der „Wohlstand als Verwirklichungschance" eine Vorstellung, die zwar sehr einfach klingt, sobald man jedoch genauer darüber nachdenkt und sie realisieren will, in der Umsetzung einen der schwierigsten Punkte darstellt, die Sen anspricht. Sich von allen Vorstellungen und Erwartungen zu lösen und nur das zu tun, was einem selbst als richtig erscheint, ist eine Eigenschaft, die sehr viel Mut und Überwindung kostet. Denn wer verlässt schon gerne seine Komfortzone? Sich selbst zu verwirklichen ist durchaus eine Form des Wohlstandes, vielleicht sogar die Größte neben der Freiheit.

Wie bereits erwähnt geht es beim Wohlstand längst nicht mehr nur um Einkommen oder finanziellen Besitz. Selbstverständlich ist Geld eine wichtige Form von Wohlstand, denn es trägt zum Überleben bei. Ohne Geld kann man in der heutigen Gesellschaft nicht existieren. Doch unabhängig davon wird es für jeden Einzelnen immer wichtiger, dass man einen inneren Wohlstand erreichen kann. Manchmal merken die Menschen nicht, wie gut es ihnen tatsächlich geht (dies ist vor allem auf die reichen Länder der Erde bezogen). Auch muss man sich von dem Gedanken lösen, so Jackson, dass steigender Wohlstand nicht mit dem Wirtschaftswachstum zu vergleichen ist (vgl. Jackson 2011, S. 44). Es mag sein, dass die Menschen immer mehr konsumieren, aber dabei stellt sich die Frage, wieso sie dies machen. Kaufen die Menschen tatsächlich immer mehr, weil sie es brauchen, oder, weil sie sich damit das Gefühl verschaffen besser als die anderen zu sein? Sich mehr leisten zu können als der Nachbar oder die beste Freundin ist aber doch nicht das Ideal nach dem die Gesellschaft und die nachfolgenden Generationen streben sollten. Dabei ist es doch viel wichtiger auf die Grundbedürfnisse der Menschen zu achten. Man kann noch so viel Geld haben und allein und einsam sein. Ungeliebt und ohne Freunde, aber dafür reich zu sein, bedeutet für viele Menschen nicht einmal ansatzweise das Verständnis von Wohlstand. Es geht doch vielmehr um Güte, Treue, Freunde und Gesundheit, die Möglichkeit sich weiterzubilden und seine Träume zu verwirklichen. Nicht umsonst gibt es das Sprichwort „Geld macht dich nicht glücklich", sondern die Menschen um einen herum. Und doch zeigen einige Studien immer wieder, dass Menschen in höheren sozialen Schichten glücklicher und zufriedener sind als Menschen in niedrigeren Schichten (vgl. Jackson 2011, S. 47f). Dazu kann man sagen, dass die Menschen im Überfluss leben. Es geht der Gesellschaft in den westlichen Ländern besser denn je und man muss sich schon lange keine Sorgen mehr um das tägliche Überleben machen. In Deutschland beispielsweise gibt es für jeden Menschen eine Grundsicherung. Selbstverständlich haben Menschen, die nur von dieser Grundsicherung leben, weniger materielle Güter als eine Familie, der monatlich einige 1000 Euro mehr zur Verfügung stehen, aber das ist kein alleiniger Maßstab für die Zufriedenheit der Menschen. Mit mehr Geld lebt es sich vielleicht sorgenloser, aber selbst bei sehr reichen Menschen gibt es Unzufriedenheit. Im Allgemeinen muss die Gesellschaft einfach lernen das eigene Leben so zu schätzen, wie es ist. Man sollte Zufriedenheit und Gelassenheit zeigen und endlich anfangen das Leben in aller

Fülle zu genießen. Dabei spielt es absolut keine Rolle, wer das neuste Handy besitzt oder wer im teuersten Restaurant essen war. Man sollte aufhören sich nur noch über materielle Güter und Wohlstand an anderen zu messen.

Ein weiterer wichtiger Punkt, so Jackson, ist die Regulierung der Arbeitszeiten für das allgemeine Wohlbefinden (vgl. Jackson 2011, S. 161). Jedoch muss man dabei beachten, dass sich das Verhältnis zur Arbeit, bzw. die Einstellung gegenüber der Arbeit, stark verändert hat. Welche Menschen arbeiten denn tatsächlich nur 40 Stunden in der Woche? Dass man nur seine vertraglich vereinbarte Arbeitszeit arbeitet und sich ansonsten seinem Privatleben widmen kann, ist oft nicht mehr so. Der wohl zentralste Konflikt, der bei berufstätigen Menschen auftritt, ist der zeitbasierte Konflikt. Bei der Arbeit kann es zum Anfall von Überstunden kommen, oder man nimmt sich Arbeit mit nach Hause und erledigt noch etwas im Home-Office, führt berufliche Telefonate oder beantwortet noch die ein oder andere E-Mail. Schnell treten die Familie oder private Interessen in den Hintergrund. Aber auch auf der privaten Seite kann es zu Konflikten kommen. Hat man kleine Kinder, die die Aufmerksamkeit der Eltern benötigen, tritt die Arbeit schnell in den Hintergrund. Auch Hobbys oder das Pflegen sozialer Kontakte können dazu führen, dass man weniger Zeit für die Arbeit hat. Die Zeit spielt also eine zentrale Rolle beim Auslösen oder Vermeiden von Konflikten.

Oft spricht man in diesem Zusammenhang von der der sogenannten Work-Life-Balance. Um der heutigen Zeit gerecht zu werden muss der Begriff Work-Life-Balance folgendermaßen verstanden werden. Es geht darum ein Individuum mit seinen vielfältigen Anforderungen, Bedürfnissen und Aufgaben in der Erwerbstätigkeit, aber auch im individuellen, sozialen und privaten Lebensbereich zu betrachten. Ziel ist es dabei, dem Individuum die Möglichkeit zu geben, diese Bereiche nach Wertevorstellungen und Bedarf so zu gestalten, dass sie eine sinnerfüllende und zufriedene Lebensweise zulassen (vgl. Freier 2005, S.21).

Stimmt die Work-Life-Balance nicht, kann es in allen Bereichen schnell zu Stress- und Konfliktsituationen kommen. Auch psychische Erkrankungen können die Folge sein.

Wichtig ist es ein Gleichgewicht zwischen Berufs- und Privatleben zu finden. Selbst wenn erste gesundheitliche Beschwerden eintreten reduzieren viele Menschen nicht ihr Arbeits- und Stresspensum. Auch Hinweise aus der Familie und dem Freundeskreis werden häufig ignoriert. Damit solche Probleme nicht auftreten, ist es wichtig auf eine gute Work-Life-Balance zu achten und Warnhinweise des Körpers oder aus dem sozialen Umfeld nicht auf die leichte

Schulter zu nehmen, sondern aktiv nach Lösungen zu suchen, um eine zu hohe psychische und/oder physische Belastung zu vermeiden, die sich im schlimmsten Fall auf alle Lebensbereiche auswirken könnte.

Literaturverzeichnis:

Freier, Kerstin (2005): Work Life Balance Zielgruppenanalyse am Beispiel eines deutschen Automobilkonzerns.

Jackson, Tim (2011): Wohlstand ohne Wachstum. Leben und Wirtschaft in einer endlichen Welt. München: Oekom Verlag.

Resilienz

In dem Kapitel „Ästhetischer Eigensinn und Resilienz" von Aida Bosch und Markus Promberger, geht es um die Funktion bzw. um die Aufgabe des „ästhetischen Eigensinns" in komplizierten Lebenslagen. In Ihrem Kapitel geht es um Interwies und um Fotografien von Teilnehmern, die vor dem Hintergrund der Resilienz betrachtet werden. Als Ausgangspunkt beschreiben die zwei Autoren die sogenannte dreifache Krise, welche die Untersuchung von Resilienz in vulnerablen Haushalten aufzeigen soll. Als erstes wird die Krise der Sozialpolitik genannt. Ihr ist es bis heute nicht gelungen die Armut in den europäischen Ländern so zu reduzieren wie es sein sollte. Als zweiter Punkt wird die europaweite Wirtschaftskrise genannt, welche seit über 10 Jahren weiter verstärkt wurde. Als dritten und letzten Punkt wird auf die Krise der Armutsforschung verwiesen. Die Armutsforschung ist ebenfalls noch nicht an dem Punkt angelangt an der sie stehen müsste. Somit kann man nicht sagen wie es vulnerablen Familien/Haushalten gelingen kann die Armut zu verlassen und einen neuen Weg in einem neuen Leben mit einem rentablen Job zu erreichen (vgl. Bosch/Promberger 2018, S. 489f).

Doch was genau ist eigentlich diese sogenannte Resilienz? Bosch und Promberger sagen: „Die Literatur definiert die Resilienz zunächst als Rückkehr zum Ausgangszustand nach einem Schock." und „Resilienz bedeutet in sozialpsychologischen Ansätzen grundsätzlich, besser zurechtzukommen als Andere unter den gleichen widrigen Bedingungen" (Bosch/Promberger 2018, S. 490). Ein psychologischer Ansatz besagt, dass man im Laufe des eigenen Lebens unterschiedlichen Herausforderungen und damit verbunden Schwierigkeiten oder Hürden stellen muss. Hierbei sind zwei Kernkonzepte von hoher Bedeutung. Zum einen die „adversity" und zum anderen die „positive adaptation". Adversity meint hier die negativen Erlebnisse, die ein Mensch durchleben oder erfahren musste. Positive adaptation meint die positive Anpassung an die eben genannten negativen Erlebnisse (vgl. Riffer, Kaiser, Sprung, Streibl 2018, S. 206). „Die Definition von psychologischer Resilienz und ob die positive Anpassung angemessen im Verhältnis zum Ereignis ist, ist auch beeinflusst vom soziokulturellen Kontext, im dem ein Mensch lebt." (Riffer, Kaiser, Sprung, Streibl 2018, S. 206). Bosch und Promberger sagen zudem, dass Resilienz ebenfalls meinen kann, dass man sich schneller von traumatischen Erlebnissen erholen kann als andere oder dass man weniger tief fällt. Ebenfalls richtig ist, dass die psychologische Definition von Resilienz vor allem das innere Problem bzw.

innere Faktoren betrachtet. Der soziologische Begriff wiederrum beschäftigt sich mit den sozialen Erklärungsfaktoren der Resilienz. Im Folgenden werden hierzu einige Punkte der Autoren aufgelistet. Sie sagen: „Resilienz ist kein Zustand, sondern ein Prozess. (…) Resilienz ist kein Ja-Nein-Phänomen. (…) Resilienz besteht aus Ressourcen und Handlungsmustern unter bestimmten angebrachten Rahmenbedingungen. (…) Resilienz lässt sich nur im Vergleich mit nicht-resilienten Fällen identifizieren (…) Im Falle der Armutsforschung sollte Resilienz auf Haushaltsebene untersucht werden. (Bosch/Promberger 2018, S. 491). Mit diesen Ansätzen sollen Möglichkeiten und Ansätze geschaffen werden, um Armut zu vermeiden bzw. um Armut zu verbessern. Es soll den Menschen insoweit geholfen werden, dass sie ein gutes und zufriedenes Leben führen können. Psychische, aber auch physische Beeinträchtigungen sollen dabei außen vorgelassen werden, denn keines der beiden Faktoren sollte ausschlaggebend dafür sein ein schlechteres oder ärmeres Leben führen zu müssen. Bosch und Promberger führten eine Studie im Jahr 2014 durch, in der sie mindestens 12 Familien nach kontrastiven Kriterien in einem narrativ- biografischen Erstinterview befragten. Im diesem Erstinterview wurde zunächst eine erwachsene Person ausgewählt. Diese sollte dann mit einer Kamera Bilder von und aus seinem Leben machen und diese zu einem zweiten Interview mitbringen. Die einzigen Vorgaben für die Fotos war, dass diese aus dem Alltag der Familien stammen sollten, also beispielsweise von der Wohnung, den Mahlzeiten, Freunden oder der Familie. Also zusammengefasst dem engsten Umfeld (vgl. Bosch/Promberger 2018, S. 493). Zunächst kann man sagen, dass nur ein geringer Teil der Haushalte resilient ist aber dieser Teil einige sozioökonomischen Faktoren mit starken kulturellen Zügen aufweist und das ganz unabhängig vom „normalen Arbeiter". Parallel dazu kann man sagen, dass die resilienten Haushalte innerhalb von sozialen Netzwerken eine sehr ausgeprägte Verknüpfung zeigen. Der Fall der eigensinnige Oikos ist ein extremes, aber auch sehr anschauliches Beispiel. Hat man zum Beispiel eine Beeren- und Pilzsammlung, so kann mit dieser nicht nur die gesunde Ernährung verbessert werden, sondern gestaltet gleichzeitig auch die Familienplanung mit, schafft eine Verbindung zur Natur und man kann seinen Kindern das eigene Wissen über die Pflanzen weitergeben und vermitteln (vgl. Bosch/Promberger 2018, S. 493f). Diese Ausprägung fördert also nicht nur einen selbst, so wie in vorhergehendem Beispiel die Ernährung den eigenen Gesundheitszustand und den der Familie fördert, sondern auch andere sozial Kontakte. Mit dem vorhandenen Wissen kann man sich nicht nur mit der Familie, sondern auch mit anderen Menschen, wie zum Beispiel Nachbarn, Verwandten etc.

austauschen. Des Weiteren kann man sagen, dass man hier eine Wechselwirkung zwischen dem Individuum und der Umwelt hat. Es ist ein wechselseitiger Prozess des eigenen Ichs gegenüber der Natur oder dem Menschen. Auch hier sind die Aktionen, Entscheidungen und Handlungen relevant und je nachdem wie man sich verhält, bekommt man eine Antwort oder eine Reaktion zurück. Man darf jedoch nicht vergessen, dass die Resilienz selbst vulnerabel, also anfällig ist. Zudem kann sie einen möglichen Einfluss auf die Gesellschaft, die Gemeinschaft, das eigene Individuum oder die Familie haben. Nimmt man beispielsweise die Überlastung im Beruf aufgrund zulanger Arbeitszeiten etc., so kann dies gesundheitliche Probleme, sowohl psychischer als auch physischer Natur mit sich bringen. Denkt man nur mal an Burn-Out so ist dies längst kein Begriff mehr, der nur selten benutzt wird. Dazu muss auch gesagt werden, dass solche Probleme längst nicht nur resiliente Familien betreffen. Der Unterschied von resilienten Familien und nicht-resilienten Familien ist oftmals nur sehr gering. Jedoch unterscheiden sie sich vor allem bezüglich der gegebenen Ressourcen. Dabei spielt es keine Rolle ob diese Ressourcen von kultureller, materieller oder sozialer Natur sind. Bespiele sind die Transfermöglichkeiten, das Selbstwertgefühl, die Motivation, aber auch die Lebensqualität die man als Familie hat (vgl. Bosch/Promberger 2018, S. 494).

In einem weiteren Schritt soll erläutert werden, was notwendig erscheint, um die Resilienz von anfälligen Haushalten zu bewahren. Dazu haben Bosch und Promberger drei Punkte zusammengefasst. Erstens ist ein Wohlfahrtsstaat von großer Bedeutung. Wenn man mal an einen Punkt im Leben stößt, an dem man nicht mehr weiterweiß, kann man sich auf Unterstützung verlassen. Damit ist zum Beispiel die Tafel gemeint, wo man sich Nahrung besorgen kann aber auch öffentliche Orte, die man, ohne dafür Geld zu benötigen, nutzen kann (Parks, Spielplätze etc.). Dadurch verliert man nicht das Gefühl ein Teil der Gesellschaft zu sein, sondern kann weiter am sozialen Leben teilnehmen und schwierige Zeiten überbrücken. Der zweite wichtige Punkt ist eine wirtschaftliche-soziale Vernetzung. Auch damit ist gemeint, dass man das Gefühl hat dazuzugehören. Als dritten Punkt werden „Kulturelle Normen, Werte, Wissen und Fähigkeiten, die gering kommodifizierte Lebenszusammenhänge abseits des arbeitsgesellschaftlichen und konsumorientierten Mainstream denkbar und lesbar machen und Eigenwirtschaft und Eigensinnermöglichen." (Bosch/Promberger 2018, S.494).

Im Folgenden werden die Interviews noch einmal näher betrachtet. Bei dem zweiten Interview brachten die Personen die von Ihnen persönlich gemachten Fotos mit. Fotos dienen dazu die Momente so real wie möglich einzufangen und wiederzugeben. Bei einem Gemälde beispielsweise bringt der Künstler immer etwas persönliches mit hinein. Bei einem Foto jedoch wird der Moment so eingefangen, wie er tatsächlich ist. Ausschließlich der Blickwinkel und die Position kann verändert werden. Die Fotografie ist in eher stabilen Familien und Haushalten vertreten (vgl. (Bosch/Promberger 2018, S. 495). In der ikonologischen Beschreibung werden die Inhalte der Fotos vor allem auf den symbolischen Gehalt hin interpretiert und analysiert. Das Foto der einer Familie zeigt in diesem Fall einen sehr vollgestellten Bereich, mit sehr vielen materiellen Gegenständen, die auf den ersten Blick sehr chaotisch und verwirrend angeordnet sind. Die Objekte sehen aus, als wären sie von einem Flohmarkt ergattert worden. Nur ein technisches Gerät ist auf dem Foto zu erkennen, nämlich ein Computer. Ansonsten kann man sagen, dass sich die Familie anscheinend dem Konsummarkt entzieht (vgl. (Bosch/Promberger 2018, S. 498). In einem weiteren Schritt wird versucht die Fotos mit Hilfe einer ikonologischen Interpretation zu erläutern. Dazu werden weitere Kontextinformationen herangezogen und ergänzt. Man weiß aus den Interviews, dass es sich um eine Frau handelt, die einen Mann und vier Kinder hat und im Osten Deutschlands lebt. Sie haben das Haus, in dem sie wohnen günstig kaufen können, jedoch liegt es in einem Hochwassergebiet, dass regelmäßig überflutet wird. Die beiden Erwachsenen sind beide Handwerklich sehr geschickt und wenden ihr können bei Freunden, Nachbarn oder Verwandten an. Im Austausch dazu bekommen sie andere Dienstleistungen oder materielle Sachen. Die Frau hat verschiedene kleinere Jobs und der Mann arbeitet als Handwerker. Mit diesen Informationen kann man das Bild erneut betrachten und analysieren. Hinter diesem Hintergrund merkt man nämlich die Liebe zum Detail. Es ist bemerkenswert, wie viele selbstgemachte Dinge die Familie hat und wie stolz sie darauf sind (vgl. Bosch/Promberger 2018, S. 499). Auch hier muss man ganz klar sagen, dass man niemals vorschnell Urteilen sollte bzw. sich nicht nur auf ein Bild oder eine einzige Aussage beschränken sollte. Es ist sehr wichtig das ganze zu betrachten und sich nicht vorschnell beeinflussen zu lassen. Abschließend ist zu sagen, dass die eigene Identität immer dann gestärkt werden kann, wenn man in dem was man tut einen Sinn sieht. Einen Sinn für sich selbst aber auch für andere.

Literaturverzeichnis:

Bosch, Aida/ Promberger, Markus 2018: Ästhetischer Eigensinn und Resilienz. In: Aida Bosch/ Hermann Pfütze (2018): Ästhetischer Widerstand gegen Zerstörung und Selbstzerstörung. Springer VS, S. 489-504.

Riffer, Friedrich/ Kaiser, Elmar/ Sprung, Manuel/ Streibl, Lore 2018: Das Fremde: Flucht- Trauma- Resilienz. Aktuelle traumaspezifische Konzepte in der Psychosomatik. Berlin: Springer Verlag.

Bio-Philosophie: Das Verhältnis von Natur und Kultur neu denken

Dieser Essay beschäftigt sich mit dem Thema der Bio-Philosophie und, wie man das Verhältnis zwischen der Natur, der Gesellschaft und dem Menschen im Allgemeinen neu überdenken kann. Dabei werden Ansätze von Andreas Weber herangezogen. Er behandelt unter anderem neue Gedankengänge, wie das Verhältnis zwischen Mensch und Natur verstanden werden muss. In seinem Werk „Biokapital. Die Versöhnung von Ökonomie, Natur und Menschheit", schreibt er vor allem darüber, dass man die Natur nicht von der Ökonomie trennen kann bzw. darf.

Gleich am Anfang seines Buches schreibt Weber, dass nicht der Kapitalismus allein unseren Wohlstand garantiert (Weber 2008, S. 11). Er begründet das damit, dass Menschen in den reichen Ländern häufig unzufrieden sind und täglich hunderte Arten von Lebewesen auf unserem Planeten verschwinden. (Weber 2008, S.11). Denkt man Webers Sichtweise weiter, fallen einem noch mehr dieser Beispiele ein. Beispielsweise gibt es in wohlhabenden Städten immer noch eine große Anzahl an Obdachlosen und bedürftigen Menschen. Durch den Kapitalismus werden einige Menschen immer reicher und andere bleiben dafür auf der Strecke. Reichtum heißt dabei aber noch lange nicht, dass diese Personen sich selbst als zufrieden bezeichnen würden. Dabei spielt es auch eine Rolle, ob das Privatleben den Wünschen der Person entspricht. Wenn der größte Wunsch beispielsweise eine intakte und funktionierende Beziehung mit dem Partner ist und dieser Wunsch nicht erfüllt wird, kann dies auch nicht durch Reichtum erkauft werden. Natürlich kann Kapitalismus einen Beitrag auf dem Weg zum Wohlstand leisten, jedoch spielen hier noch eine Vielzahl an anderen Faktoren eine Rolle. Auch das Schwinden der Artenvielfalt auf unserem Planeten kann wohl kaum unseren Wohlstand garantieren. Insofern ist Webers Aussage durchaus nachvollziehbar.

In einer weiteren spannenden These sagt Weber: „Ohne die Natur lässt sich nicht wirtschaften, nur in ihr." (Weber 2008, S.13). Alle Lebewesen der Erde, also auch wir Menschen, sind integraler Bestandteil des Natursystems. Aus diesem Grund kann auch nur, wie Weber sagt, in ihr gewirtschaftet werden. Selbstverständlich kann beim Wirtschaften auch nicht auf die Natur verzichtet werden. Schließlich stehen wir als Bestandteil der Natur, mit allen anderen Faktoren und Elementen dieser, in ständiger wechselseitiger Beeinflussung. Des Weiteren kann man sagen, dass die Menschen nicht mehr ausschließlich davon ausgehen, dass ihr Lebensglück mit dem Wirtschaftswachstum zusammenhängt. Denn man merkt immer deutlicher, dass ein hohes Einkommen bzw. Geld nicht alles ist. Die Menschen müssen anfangen bewusster mit der Natur aber auch mit der Wirtschaft umzugehen. Es muss deutlich mehr passieren als bisher um Veränderungen erzielen zu können. Gerne verschränkt man die Arme oder man schließt die Augen, wenn es um heikle Themen geht, mit denen man sich nur ungern beschäftigt. Wie eben schon kurz erwähnt, bildet die Natur den Grundstein dafür, dass es den Menschen überhaupt möglich ist zu wirtschaften. Einige Beispiele dafür sind „erbrachten Dienste-Nahrung, Trinkwasser, Stoffkreisläufe, Biomasse, ein gedeihliches Klima, Stabilität durch Artenvielfalt" (Weber 2008, S. 16) usw. Der springende Punkt hierbei ist jedoch, dass die Ökonomen, so Weber, nicht verstehen, dass die Natur und die damit verbundenen Ressourcen das Fundament für die Wirtschaft sind. Oftmals wird vergessen, dass alle Menschen und die Elemente auf denen die Wirtschaft aufbaut, erst die Voraussetzung dafür ist, dass Wirtschaft überhaupt möglich ist. In diesem Kontext kritisiert Weber, dass Ökologie und Ökonomie nicht als vereint betrachtet werden, sondern als zwei verschiedene Wissenschaften des Haushaltens fungieren (Weber 2008, S. 17). Er fordert, dass „beide in einer gemeinsamen Weisheit des Lebenshaushaltens" (Weber 2008, S.17) vereint werden sollen. In dieser Forderung spiegelt sich erneut Webers Sichtweise wieder, dass es sich nicht mit der Natur, sondern nur in ihr wirtschaften lässt und, dass die Natur das Fundament der Wirtschaft darstellt. Webers Kritik ist durchaus berechtigt. Wichtige Punkte der Ökonomie sind Produktion, Konsum, Umlauf und Verteilung. Ziel der Ökonomie ist es die Wirtschaft wachsen zu lassen. Dabei darf allerdings nicht die Komponente Ökologie außer Acht gelassen werden. Geschieht dies, kann die Ökonomie zu einem großen Problem für die Ökologie, also für unsere Umwelt, werden. Da die Umwelt aber die Grundlage dafür darstellt, dass überhaupt gewirtschaftet werden kann, müssen Ökonomie und Ökologie zusammen betrachtet werden und dürfen nicht isoliert nebeneinander stehen.

Weber geht in diesem Zuge auch auf das Wirtschaftswachstum ein. Er ist der Meinung, dass „Stetiges Wachstum [...] nicht bloß schädlich, sondern falsch [ist]" (Weber 2008, S.17). Dabei geht er außerdem auf den Philosophen Adam Smith ein, der prophezeite, dass allein das Wachstum der Marktwirtschaft den Wohlstand aller steigern würde. (Weber 2008, S.17). Heute sieht man jedoch bereits, dass das stetige Streben der Wirtschaft nach Wachstum weitreichende Folgen für die Natur mit sich bringt. Hier lässt sich beispielsweise das rapide Umschlagen der Erdtemperatur und der Rückgang der Artenvielfalt nennen. Auch Weber ist der Meinung, dass dies nicht richtig sein kann. Auch der Wohlstand aller kann nicht unbegrenzt durch das Wachstum der Wirtschaft gesteigert werden. Weber nennt als Grund hierfür, dass die Lebenserhaltungssysteme des Planeten nicht ausreichen, um dieses Wunschdenken zu erfüllen (Weber 2008, S.18). Als Beispiel könnte man hier aufführen, dass es nicht möglich ist, dass alle Menschen auf der Erde in Einfamilienhäuser leben. Der Platz auf der Erde ist begrenzt. Genauso wenig ist es nicht möglich, dass alle Menschen der Erde ein Auto fahren. Die Folgen wären für die Erde und damit auch für die Wirtschaft nicht zu tragen. Reines Wirtschaftswachstum sorgt außerdem nicht automatisch dafür, dass das Wohlbefinden der Menschen steigt. Bloßer Reichtum reicht nicht aus, um Menschen glücklich zu machen. Was bringt schon ein großes Haus mit eigenem Pool und viel Geld auf dem Konto, wenn die Natur, in der wir Leben zerstört wird?

Weber führt auf, dass sogar die Landwirtschaft in „regelrechter Konkurrenz zur Natur steht". (Weber 2008, S.20). Dies ist insofern richtig, da die Landwirtschaft für die Produktion von Lebensmitteln viel Platz benötigt. Um Beispielsweise Felder anzubauen, müssen Bäume gefällt und Wiesen gemäht werden. Dabei geht viel Naturraum verloren. Nimmt man hierzu noch die Einbringung von Schadstoffen, wie Glyphosat hinzu, ist klar, dass dies kaum förderlich für die Natur sein kann. Aus diesem Grund wird es immer wichtiger darauf zu achten, nicht zu viel in die Natur einzugreifen, sondern diese wo es geht zu schützen. Eine Möglichkeit wäre der Verzicht auf Insektenschutzmittel oder die Renaturierung wirtschaftliche Nutzflächen, die nicht genutzt werden. Hier spielt auch die Nachfrage der Konsumgesellschaft eine wichtige Rolle. Viele wollen Obst und Gemüse möglichst kostengünstig erwerben. Dabei wird nicht darauf geachtet, ob es sich um regionale Produkte handelt, oder ob die Lebensmittel in anderen Ländern produziert und extra eingeflogen oder verschifft werden mussten. Dieses Vorgehen macht sich natürlich im hohen CO_2 Ausstoß bemerkbar, der wiederum negative Folgen für die Natur hat. So ist verständlich, wieso Weber die Landwirtschaft unter diesen Geschichtspunkten als Konkurrent der Natur sieht.

Laut Weber brauchen wir eine „neue Wirtschaftsformel" (Weber 2008, S. 147) damit die Marktwirtschaft nicht in Richtung der Selbstzerstörung, sondern zugunsten einer humanistischen Wirtschaft wirkt. Dafür hat Weber einen Satz sozioökonomischer Verhaltensregeln formuliert und nennt diese die „Zehn Gebote für eine humanistische Wirtschaft" (Weber 2008, S. 147). Bei diesen Geboten geht es darum das „Haushalten nach den fundamentalen Regeln der Ökologie zu organisieren" (Weber 2008, S.148). Die Gebote beschreiben dabei unterschiedliche Verhaltensregeln und Maßnahmen, nach denen sich die Wirtschaft zugunsten der Ökologie richten sollte. Webers Grundgedanke ist durchaus nachvollziehbar. Bei allem Wirtschaften mit dem Ziel der ständigen Kapitalvermehrung wird oft vergessen, dass die Natur das eigentliche Fundament darstellt, auf dem alles aufbaut. Diese sollte daher nicht unendlich ausgebeutet und geschädigt werden. Mit den Geboten geht Weber einen wichtigen Schritt in die richtige Richtung. Die Gebote hören sich alle relativ einfach und klar formuliert an. Jedoch dürfte es schwierig sein alle umzusetzen. Weber formuliert die Gebote als Regeln und gibt Forderungen dazu an, die an sich durchaus sinnvoll erscheinen. Damit die gewünschte Wirkung zugunsten der Ökologie eintritt, müssten sich alle Menschen an diese Forderungen halten. Nur mit Regeln und Forderungen dürfte das jedoch schwierig sein. Viel wichtiger wäre es, zuerst das Verständnis für diese Forderungen innerhalb der Gesellschaft zu wecken. Regeln werden nur dann dauerhaft und gewissenhaft eingehalten, wenn die Menschen hinter diesen Regeln stehen und diese für sich selbst als wichtig erachten. Eine Kombination der Regeln mit intensiver Aufklärung könnte der richtige Weg sein.

Weber stellt die Frage, ob „wir zu einer Politik des Lebens in der Lage sein [werden]" (Weber 2008, S. 203). Er selbst sieht dies sehr kritisch. Webers Sichtweise ist durchaus nachvollziehbar. Zwar gibt es in den letzten Jahren deutlich mehr Debatten über Umweltschutz und Klimaveränderung, sowie erste Maßnahmen zum Schutz unserer Umwelt, doch damit diese eine signifikante Wirkung zugunsten der Natur haben können müssten alle Länder der Erde zusammenarbeiten. Weber nennt hier, dass einige der größten industriellen Schwellenländer ihre Teilnahme an der Klimarettung vollständig verweigern. (Weber 2008, S. 203f). Unter diesen Voraussetzungen ist eine Politik des Lebens kaum möglich. Die Menschen auf der ganzen Welt müssten verstehen, dass wir am Ende alle gleich sind und in der gleichen Atmosphäre leben. Umweltverschmutzung hat nicht nur Folgen für das eigene Land, sondern wirkt sich auf den gesamten Planeten aus. Am Ende leiden wir alle darunter. Die Politik müsste länderübergreifend stattfinden. Solange nicht alle an einem Strang ziehen, kann die zunehmende Zerstörung der Natur nur verlangsamt, aber nicht verhindert werden. Die folgenden Jahre und Jahrzehnte werden zeigen, ob eine Politik des Lebens möglich sein kann.

Literaturverzeichnis:

Weber, Andreas (2008): Biokapital. Die Versöhnung von Ökonomie, Natur und Menschlichkeit.

Berlin: Berlin Verlag.